POESÍA CRISTIANA
VOLUMEN II

Acerca de la traducción

Esta obra fue realizada primeramente en la lengua portuguesa y su traducción fue hecha por mí, basada en mis conocimientos de lengua española.

No fue posible tener una consultoría sobre el uso correcto de palabras y expresiones de la lengua española. Ya me disculpo si he utilizado algo de forma incorrecta y estoy a la disposición para hacer las correcciones.

En algunas poesías no ha sido posible mantener las palabras originales debido a la diferencia fonética, sin embargo, hubo una adaptación al español que no compromete el contexto.

Acerca del libro

Los poemas han sido inspirados por Dios y son para mostrar su Gloria. Estos fueron escritos entre 2014 y 2015.

Son presentadas diversas temáticas, como familia, vida personal, vida cotidiana, salvación, vida eterna, narrativas de historias de la Biblia, etc.

Palabras en la cruz

Confianza
Creación
Cristo
Dios
Espíritu Santo
Eternidad
Evangelizar
Fe
Fin
Gracia
Historia
Humildad
Igualdad
Jesús
Libertad
Luchas
Misión
Pacto
Padre
Perdonar
Plan
Poesía
Rescatar
Salvación
Señor
Transformación

Tabla de contenidos

Libertad

Yo soy libre para adorarte,
Soy libre para alabarte.
Soy libre para glorificarte,
Soy libre para amarte.

Gracias, Señor, por esa libertad.
Puedo hacer todo por Ti.
No hay nada que me pueda impedir.
A su lado, siempre voy a seguir.

Un día, el Señor me liberó,
Del mundo, me separó.
Su gloria, Él me mostró.
Y su amor vino y me tocó.

Del pecado, el Espíritu Santo me convenció.
De mis errores, mi alma se arrepintió.
Ahora, soy uno de sus amados.
Alabo y amo al único y verdadero Dios.

Para siempre te voy a amar

Para siempre te voy a amar,
Este amor, todo el tiempo, deseo demostrar.
Su amor es una realidad.
La vida contigo será por toda la eternidad.
No hay nadie que nos pueda separar.
El Señor me eligió para a su lado estar.
Todo el tiempo te quiero adorar.

Una adoración pura y verdadera,
Un sentimiento que no ve barrera.
Tengo ganas de salir y gritar:
¡Jesús! ¡Para siempre te voy a amar!
Yo te amo por el regalo que me dio.
En medio de un mundo de pecados, me eligió.

Jesús es mi mejor amigo,
Todo el tiempo está conmigo.
Un amor así es imposible encontrar.
El amor del mundo te quiere engañar,
Pues te aman de acuerdo con lo que puede dar.
Con Jesús, no hay nada de eso.
Él solo quiere mi compromiso.

Siempre fiel, tengo que estar,
De todo el mal me voy a desviar.
El Señor me da fuerzas para eso.
Alejando el mal del enemigo.
Y poniéndome en un buen camino.

Este es el único camino que estaré,
En la vida eterna con Dios, yo habitaré.
Alabanzas a Él, siempre cantaré.
En plena felicidad, yo estaré,
Pues sé que nunca moriré.

Por este regalo maravilloso, voy a agradecer.
Tal maravilla, ningún otro puede conceder.
Jesús, te adoro y te alabo con todo mi ser.
Contigo, la muerte, voy a vencer,
Más una vez yo agradezco:
Gracias, mi Señor, por mi elección.

Divisiones

¿Cómo podemos ser miembros de Cristo,
Si al observar la iglesia, todo está dividido?
Entre los hermanos, no hay unión.
Haciendo a la novia de Cristo estar en división.
Parece que hay una competición.

Competen para ser aquel que más almas va a ganar.
Parece el mensaje de Cristo.
Pero en realidad, ellos se quieren glorificar.
Para la gente, ellos se quieren mostrar.

Muchos no gustan de ese proceder.
Y las comuniones se empiezan a disolver.
Poco a poco, cosas son dichas.
Y la gente no permanece unida.

Esta división es lo que Satanás quiere hacer.
La estabilidad del cuerpo de Cristo se va a comprometer.
Así, la vida de muchos, él va a tocar,
Pues aquellos que deberían evangelizar,
Entre ellos, empezaron a pelear.
Olvidando las almas que tienen que salvar.

Por favor, evangelistas, ¡paren con eso!
No hagan más conflictos.
Pues somos miembros del Señor Jesucristo.
El Santo Evangelio, tenemos que anunciar,
Para que muchos perdidos se puedan salvar.

Regresando a Dios

Usted dice que no tiene tiempo para Dios.
Dice que está demasiado ocupado,
Poco a poco, no habla más con el Señor.
El Padre está siendo dejado de lado.

Usted no más se dedica a la oración,
No pone las rodillas en el piso.
Piensa solamente en su diversión.
Para Dios, usted ha endurecido su corazón.

Un día, la ayuda de Dios, usted va a buscar.
En el día que un problema te alcanzar.
Cuando la desesperación empezar,
Para el trueno de Dios, usted apelará.

El Señor es Dios de misericordia y amor.
Que siempre está atento a su clamor.
Con Él, usted se va a reconciliar,
Confiese su fe en Jesucristo,
Y como hijo, Él te aceptará.

Regrese a los brazos amorosos del Padre.
Y no vuelva al mundo nuevamente.
Para que, en Dios, usted tenga felicidad.
Es necesario dar a Él tu fidelidad.

Vida errada

Hoy, yo morí.
En el crimen, toda la vida, yo viví.
Otro camino, no conocí.
Nada de bueno, me enseñaron.
Cosas buenas, no me hablaron.

Respetar, yo no aprendí,
Peleé para las cosas conseguir.
Quedaba nervioso por nada,
Por tonterías, yo peleaba.

No tenía ningún miedo.
No tenía nadie cerca.
Solo me interesé en ganar.
No me gustaba compartir,
Pero me gustaba robar.

Así, mucho yo hacía,
Pues rico, yo parecía,
Tenía todo lo que quería,
Y nada me impedía.

Pero un día, algo ocurrió,
¡Disparé! Y alguien murió.
De eso, no me arrepentí,
Sentí ganas de repetir.

Fue genial ver el rostro con pavor,
Fue bueno oír el grito de dolor.
Eso me anestesiaba,
Y más me encorajaba.

El coraje no tiene límites,
Yo he cometido muchos crímenes.
Algunas personas, me intentaron cambiar,
Diciendo que cierto Jesús me podría salvar.
Yo pensé: ¿Salvarme de qué?
No tengo nada que perder.

Yo hice todo como quería,
No temía por mi vida.
Parecía estar en el mejor momento,
Mucho dinero y placer todo el tiempo.

Pero un día, todo tiene fin.
Y no fue diferente para mí.
Alguien me disparó,
Una bala en mi cuerpo se clavó.
Todo mi cuerpo se paralizó.

Todo empezó a oscurecer,
La luz, yo ya no podía ver.
Debía haber aceptado a Cristo.
Para no pasar eso.
Ahora, muerto estoy.
Y el diablo llévame, y para el infierno voy.

El falso evangelio

Señor Dios, ¿a dónde vamos a parar?
La verdad de las escrituras se está perdiendo.
Cada día es una cosa nueva en la iglesia.
El amor al Santo Evangelio está muriendo.

La gente no quiere solamente la salvación.
Todos desean una vida ricamente próspera.
Muchas cosas inútiles contaminaron el corazón.
Y no ven el amor de Cristo como la gran bendición.

El peor es que eso viene de los pastores,
Que no parecen ovejas, sino, predadores.
De los fieles, intentan todo ganar,
Prometiendo que bienes materiales, van a lograr.

Los bienes son la única cosa que desean.
Olvidaran del sacrificio hecho por Jesús,
Que murió en la cruz para todos liberar,
Y del pecado y de la muerte nos salvar.

Pervirtieron totalmente el sublime mensaje.
Hacen del mandamiento de ofrendar un chantaje.
Dicen que quien no ofrenda mucho no será bendecido,
Y que en el infierno profundo será punido.

Muchos caen bajo esa presión,
Dando todos sus bienes, pensando en la compensación.
Olvidaran la vida con ayuno y oración.
Olvidaran cómo amar a Dios y al hermano.

Cuando alguien surge para cuestionar,
Dicen que, poseído por un demonio, la persona está.
Argumentan que, por ser fieles,
Lo mejor de todo, Dios tiene que dar.

Señor, perdone aquellos que lo hacen,
Libra cada uno de esa avaricia,
Que la verdad del Evangelio, ellos puedan contemplar,
Que el Espíritu Santo pueda en sus corazones tocar,
Y la sangre de Jesús a todos pueda salvar.

Evangelio para todos

El Evangelio, tenemos que anunciar,
Hasta muchas naciones él debe llegar.
Todos van a conocer a Jesús,
Y sabrán el mensaje de la cruz.

Hablaremos de un nuevo tiempo.
Donde no más habrá sufrimiento.
Un tiempo de paz y vida,
Donde la maldad ya fue destruida.

Lo que era odio se convierte en amor.
Lo que era maldad se convierte al Señor.
Donde había solamente muerte, habrá vida.
Y vida nueva en abundancia.

Muchos conocerán a Cristo.
Desde el profundo abismo,
Hasta el más alto precipicio.
Todos conocerán la verdad.
Y se impresionarán con su santidad.

Pues no es palabra de ser humano,
Es la palabra del Dios verdadero.
Que desea que todos se puedan salvar,
Para eso, sus discípulos tienen que predicar,
Y los de fuera, en la gloria, van a adentrar.
Como una gran familia,
En la eternidad, todos vamos a morar.

Revivido para el Señor

En Cristo, estoy vivificado,
No hay más lugar para el pecado.
Un nuevo tiempo, yo voy a tener,
Solamente en el Señor Dios, yo voy a creer.

Solo Él es el único Señor y Salvador,
Por nosotros, Jesús se sacrificó.
Por nuestras vidas, un alto precio pagó.
Yo alabo a Él más y más.
Sé que ese regalo, yo no merezco.

Mismo no mereciendo, Dios me eligió,
De un mundo perverso, Él me separó,
En mi vida, su gloria resplandeció.
En su presencia, mi espíritu revivió.

Ahora, yo vivo para el Señor,
No me canso de agradecer por su amor,
Solamente a Él, yo dedico mi alabanza,
Que yo siempre encuentre su gracia y favor.
Pues sé que, sin Dios, nada soy.

Perdón en la última hora

A su lado, yo estaba siendo crucificado,
Yo era un criminal condenado.
Ninguna esperanza yo tenía,
Estaba seguro de que mi muerte vendría.

Para mí, nada iba a cambiar,
De la condenación, yo no iba a escapar.
Mi vida, ellos iban a cortar,
Creía que nadie me podía librar.

A mi lado, vi a un señor.
Algunos lo llamaban Salvador,
Y otros lo culpaban como malhechor.
Vi algo diferente en aquel hombre.
Mismo siendo crucificado,
No abandonaba su gran amor.

En ese hombre, yo me fijé,
Sentí que no era un hombre cualquier,
¡Él parecía ser un gran rey!
Yo dije: Señor, acuérdate de mí,
Cuando en tu reino entrar,
Y él dio la respuesta:
Conmigo, hoy en el paraíso, usted estará.

Mi esperanza reavivó,
Algo bueno, aquel hombre me prometió,
Él no tuvo ganas de condenarme,
Él prefirió perdonarme y salvarme.

Para la gloria de Cristo, yo iré,
Junto al gran Rey, yo estaré,
De mi vida, Él se agradó,
De todo el pecado, Él me perdonó,
A ti entrego mi espíritu, Señor.
Para la vida eterna contigo, yo voy.

Falsa doctrina

Cuidado con la falsa doctrina,
Pues ella puede destruir su vida.
Cuidado con lo que va a aprender.
Algunas cosas alejan a Dios de usted.

Hay mucha gente intentando enseñar,
Hay muchos nuevos predicadores intentando predicar.
Su propia verdad, cada uno quiere proclamar,
Hablan, hablan, hablan y no se puede aprovechar.

Ellos vienen mansos sobre los corderos,
Hasta parecen tener buenas intenciones,
Pero en realidad, solo quieren fama y dinero.
Profanan la casa del Señor Dios,
Hacen del altar una arena de circo.

Acerca de estos hermanos, Pablo ya decía:
Habrá un tiempo que no van a tolerar la sana doctrina,
Huyan de tan grande apostasía.
Acerca de Jesús, estos hermanos no saben hablar,
Ven la iglesia como una fuente para lucrar.

Después de eso, una cosa tengo que hablar:
Huya de eses tipos, lee la Biblia, ore para Cristo,
Así, el Señor Jesús te va a librar,
Un nuevo camino, Él te mostrará.
Con justicia, verdad, humildad.
Su vida realmente cambiará,
Y de todo el mal, Él te salvará.

Buen padre

Tenemos un padre con mucho amor,
Que es Dios, nuestro Señor.
Somos sus hijos amados,
Él siempre está a nuestro lado.

Solos, Él no nos deja caminar,
Él está siempre cerca para nos ayudar.
El camino, Él va a limpiar,
Toda suciedad y mal, Él va a quitar.

Cuando en algo yo errar,
Como un buen padre, Él me va a corregir,
La corrección no es para punir,
Es para que yo pueda evolucionar.

No hay razones para rebelarse,
Él solo desea enseñarte,
Un buen padre debe educar,
Cree, así, mejor será.

Exigiendo de Dios

Una falsa verdad, ellos quieren proclamar,
Un nuevo Jesús, ellos quieren predicar.
Ellos desean un nuevo Señor.
Uno que siempre actúe en su favor.

De Dios, muchas cosas quieren exigir,
Hablan como si Dios tuviese obligaciones a cumplir.
No quieren agradecer ni orar.
Ellos tienen la osadía de pensar,
Que con Dios pueden negociar.
Solo las bendiciones, ellos quieren ganar.

Todo eso es una gran ilusión,
Dios no tiene eso en su corazón.
Él verdaderamente nos quiere ayudar.
Para eso, humildad en primer lugar.
Con Dios, no puedo regatear.
Y sus bendiciones, no puedo cobrar.

El Señor quiere un verdadero adorador,
Y no un lobo loco acreedor.
Él desea alabanza y oración.
Y no los deseos carnales del corazón.
Verdaderamente, adore al Señor,
Y pare de querer exigir su favor.

El mayor regalo, Dios ya nos ha dado:
Cristo murió por nuestros pecados.
Nuestra culpa, Él pagó,
Del mundo de tinieblas, Él nos liberó.
Sepa agradecer este gran amor.

Convirtiéndose en cristiano

En esa vida, ya hice todo lo que es errado,
Consumía drogas como un alucinado,
Conducía coches robados.
Hacerlo, no me incomodaba,
Con la gente, no me importaba,
Para mí, todo estaba correcto.

Después de mucha cosa hacer,
Y un día casi fallecer.
Alguien vino para algo decir:
Hijo amado, venga para mí, pues yo te amo.
¿Qué tipo de conversación es esa de padre e hijo?
Nunca he tenido padre para hablar acerca de eso.
Eso fue algo bastante exquisito.
Algo equivocado, yo debo haber oído.

Yo deseaba engañarme,
De esa voz, yo quería alejarme.
Pensé que yo estaba loco,
Pensé que llegué al fondo del pozo.
Si esa voz no parar de hablar,
Loco, me voy a quedar.
Y nadie me va a respetar.

Después de mucho oír, fue a preguntar:
¿Quién eres? ¿Qué quieres hacer?
Pronto la voz vino a contestar:
Yo soy Dios y te voy a salvar,
Una vida nueva y limpia, te voy a dar.

En ese momento yo tuve que carcajear.
¿Dios hablando conmigo y deseando me salvar?
Eso debe ser un chiste.
¿Dios se está preocupando con un tipo que no vale nada?
Mi cabeza debe estar adulterada.

Yo continué intentando negar,
Y Dios no paraba de llamar:
Venga hijo, una nueva vida te voy a dar.
Entonces, he decidido desafiar a Dios.

Si el Señor es Dios, ¿qué me puede dar?
Dios vino y empezó a hablar:
Su vida, yo puedo guardar,
Su alma, yo puedo salvar y resucitar.
De toda culpa, te voy a librar.
En ti, nadie tocará.

Y para tenerlo, ¿qué tengo que hacer?
Mi voz, tú debes obedecer,
Del mal, tú se va a desviar,
Jesucristo, tú vas a confesar.
Entonces, mi gloria te cubrirá.

Yo creí en todo lo que oí,
Decidí que a Cristo iba a seguir.
En las aguas, he sido bautizado,
Fue lavado de todo mi pecado.
Un nuevo hombre soy.
Un hombre temeroso al Señor.

Mi vida se arregló,
Gracias al amor del Señor.
Que, de mí, nunca desistió,
En mi caso, Él insistió.
Probando que todo puede cambiar.
Hasta un criminal, Él puede arreglar.

No hay nadie que pueda resistir al Señor.
En algún momento, usted conocerá su amor.
Pronto acéptelo, de buen grado.
Pues el mundo está lleno de pecados.
Solo, nadie te protege de la muerte,
Con el Señor, Él cuidará de tu suerte.

Por la fe

Por la fe, Noé construyó un arca,
Tuvo fe en toda palabra,
En ningún momento, él cuestionó.
Él hizo como el Señor lo mandó.
Y toda su casa, él salvó.

Por la fe, Abraham salió de su tierra,
Peregrinó por una tierra desierta.
Caminando hasta encontrar el lugar de la promesa.
Él nunca desanimó, ni murmuró,
Solamente en la palabra de Dios confió.

Por la fe, su hijo, Abraham iba a sacrificar,
Confiando en el inmenso poder del Padre,
Sabiendo que hasta los muertos Dios podía resucitar.
Dios no permitió aquel sacrificio,
Y vio la gran fe de su hijo.

Por la fe en Dios, muchas cosas, yo puedo hacer,
Hacia al desconocido, yo me echaré,
Confiando solamente en Dios Padre.
Sabiendo que todas las cosas Él hace.

En el inicio, no sé dónde me pude llevar,
Sé que haré todo lo que Él mandar.
En Él, toda la sabiduría está.
Por un buen camino, Él me conducirá.
Dios nunca me va a abandonar.

Vea lo que la fe puede hacer,
No dudes de las promesas de Dios.
Lo que Él dice, va a acontecer.
Esté firme y nunca desista.
El Señor va a cambiar tu vida.

Planes fallidos

Muchas cosas, queremos planificar,
Pronto pensamos en ir, hacer y ganar.
Pensamos que sabemos de todo,
Creemos que podemos conquistar el mundo.

Parece que todo será fácil,
Ganaremos lo suficiente para comprar un palacio.
Deseamos a todo poseer,
Grandes imperios, queremos hacer.

Pero la vida no es de esa manera,
Nuestros planes siempre son fallidos.
Pues en este mundo somos temporales.
Nada podemos quedar planeando,
No sabemos si nuestro tiempo se está agotando.

Al Señor Dios debemos siempre pedir:
Señor, enseña el camino a seguir.
Si Dios nos bendecir,
En eso o en aquello podemos pensar.
Y con su permiso, todo prosperará.

El Señor todo puede hacer,
De una incertidumbre, la certeza hace nacer,
Como un árbol de buenos frutos, Él nos hace crecer,
Y va conduciéndonos en su querer.

Para todo eso suceder,
A Él debemos nos someter.
Y parar de creer que tenemos algún poder,
Somos débiles, y solos, nada podemos hacer.

La boca

Nuestra boca, necesitamos vigilar,
Pues la lengua nos puede matar.
Ella es un arma muy poderosa,
Después de algo decir,
La consecuencia puede ser desastrosa.

Con nuestra boca podemos bendecir,
O podemos maldecir.
Tenemos el poder de decidir.
Sabemos que después de hablar,
No hay como arrepentirse.

Todo lo que decimos producirá efecto,
Puede ser algo de mucho provecho,
O solo indicará un defecto.
No hay importancia acerca de lo que será,
En alguien, la palabra llegará.

Recuerde que toda habla tiene respuesta,
Todo lo que usted envía a alguien,
Retornará nuevamente para usted.
Es mejor pensar mucho antes de hablar,
Mucha gente, usted puede dañar.

Dios ya dijo cómo debemos hablar,
Que sea para los hermanos edificar.
Y en la fe se puedan fortificar.
¡Jamás debemos maldecir!
¡Jamás debemos hablar para herir!

Nuestra boca debe ser una bendición,
Y no una fuente de destrucción.
Está escrito en la palabra de Dios:
Lo que sale de la boca viene del corazón.
Y lleva a la gente a la destrucción.

Piense mucho antes de hablar,
Utilice su boca para a todos bendecir.
Así, el Señor se agradará de ti,
Y un buen testimonio, usted va a producir.

Tesoros y el amor al prójimo

Tesoros en este mundo, no debemos juntar,
¿Qué provecho hay? Si nada podemos llevar.
Buscamos en todo ganar,
¿Qué provecho hay? Si el amor no demostrar.

¿Qué provecho hay si todo yo tener,
Y mirar a los hermanos pobres y nada hacer?
¿Dónde está el amor al prójimo?
Si nunca los ayudo en sus necesidades.
Solo pienso en mis propias voluntades.

Si tengo desprecio con el hermano que veo,
¿Cómo puedo amar a Dios que no lo veo?
Amar a Dios y detestar mi hermano,
Es un pecado y una gran abominación.
Haciéndolo, estoy engañando a mi corazón.

Todos los hermanos, yo debo amar,
Si ellos yerran, siempre tengo que perdonar.
El gran mandamiento Jesús dejó.
Primero, Él nos amó y por nosotros se entregó.
Con su sangre, los pecados, Él perdonó.
Ahora tengo que esparcir este amor,
Amando a los hermanos como Jesús me amó.

Fuerza en la prueba

Soportar una probación es difícil,
Muchos dolores son encarados desde el inicio.
Es necesario tener fe para todo soportar.
Debo fortificarme en el momento de debilidad.

Debo pedir la fuerza a Jesús,
Para ayudarme a cargar mi cruz.
Pues el Señor todo puede,
Mismo siendo débil, Él me hace fuerte.

Señor, dame fuerzas para resistir a todo.
Dame fuerza para huir de la tentación.
No me deje caer en ninguna prisión.
Aleja todo el miedo en mi corazón.

Quiero confiar en tu gran misericordia,
Quiero esperar tu gloria.
Sé que el Señor quiere que yo sea aprobado,
Así, con la corona de la vida seré coronado.

Esa será una corona de la vida eterna,
Que el Señor da a todos que en Ti esperan.
Pasé por la prueba confiando en el Señor,
Él me recompensará con su favor.

La pelea

Señor, necesito de tu armadura,
Necesito tu protección.
Son muchos males que se levantan,
Vienen intentando destruirme y quitar mi unción.

Muchas trampas son hechas,
Solo el Señor me puede defender.
Con tu escudo de fe, me voy a proteger.
Lucho contra todo el mal,
No importa quién pueda aparecer.

En el día malo, el enemigo tentará,
Con todos sus poderes, él vendrá.
No temo. Pues el Señor está conmigo.
En su escondite hago mi abrigo.

Para fortalecerme, mucho voy a orar,
A sus pies, mis súplicas, voy a derramar.
Todo lo que está cerca, voy a vigilar.
Con su bendición, la pelea voy a ganar.
Todo el mal, yo voy a derrotar.

La mujer de mi vida

Gracias, Señor, por en mi vida intervenir,
Por haber puesto a alguien para cuidar de mí.
Una persona que mucho me enseñó.
Alguien que mucho me amó.

Esa persona es el amor de mi vida,
Esa persona eres tú, Ana Carolina.
Tú viniste para mucho ayudar.
Viniste para mi vida empezar a cambiar.

A su lado, con el Señor, me reconcilié,
Para el buen camino de Dios, yo regresé.
De ese camino, no quiero salir.
A su lado, por el camino de Dios, vamos a seguir.

Juntos, muchas cosas planificamos,
Pero vino gente y perturbó nuestros planes.
Así mismo, no desanimamos,
En la Eterna Roca nos firmamos.

Muchas veces, Dios vino para nos bendecir,
Hoy, la mayor bendición, celebramos.
El Señor permitió nuestro matrimonio,
Cumpliendo su promesa y realizando nuestro sueño.

Gracias, Dios, por bendecir nuestras vidas,
Que su misericordia se renueve todos los días.
El Señor nos ayudó mucho hasta aquí.
Rumbo a más grandes victorias, vamos a seguir.

Todos son iguales

Para Dios, todos son iguales,
Todos somos pecadores mortales.
No hay nadie que sea diferente,
Debemos tener eso en mente.

La gente, no debemos separar,
Ninguna persona, podemos juzgar.
Todos los hermanos, debemos aceptar.
Para juntos, al Señor adorar.

El Señor juzga solamente el corazón.
Juzgamos la apariencia del hermano,
Si tiene una buena presentación.
Lo ponemos en una buena posición.
Si parece pobre y mal vestido.
Queremos dejarlo casi escondido.

Haciéndolo, Dios no se agradará.
Él eligió a los pobres para exaltar.
Y nosotros, los débiles, los queremos humillar,
Haciendo ese favoritismo, Dios nos va a cobrar.

Tenemos que cambiar ese pensamiento,
Todos deben recibir el mismo tratamiento.
El Señor decidió que todos se pueden salvar.
Y su suprema orden, debemos aceptar.

Falta de amor

La gente desea tener todo.
Hacen todo para sus deseos realizar,
No se importan lo que puede pasar,
Ellos solo desean sus sueños alcanzar.

La codicia ha dominado el corazón,
El rostro determinado esconde la emoción.
Su deseo es una victoria alcanzar,
Mismo que para eso, tengan que guerrear.

¡Siga adelante! ¡Un, dos! ¡Un, dos!
¡Gana la batalla! El amor viene después.
No deja nada te molestar.
Todo lo que está en contra, debe eliminar.

Por causa de eso, el mundo está destruido.
La gente está sumergida en su egoísmo.
Olvidaron los sentimientos y el amor.
Olvidaron que existe un Señor.

Dios nos hizo para amar,
Para la gente valorar.
Unos a los otros, debemos ayudar,
Así, su misericordia, vamos a alcanzar.

Que la gente pueda cambiar,
Y al camino del amor regresar.
El Señor primero nos amó,
Para que a otros pudiésemos amar.

Evangelio extraño

Unos quieren distorsionar el verdadero mensaje,
Acerca de Cristo, construyen una nueva imagen.
A toda la gente, ellos quieren agradar,
Y la luz de Dios, ellos quieren dejar.

Inventan nuevas doctrinas y artificios,
Vienen con muchas sabidurías y nuevos beneficios.
El mensaje hasta parece bueno para semejar,
Pero después de analizar, la maldad ahí está.

El ser humano quiere un nuevo tipo de dios.
No quieren al Señor Dios Jehová,
Lo cual debemos obedecer y alabar.
Quieren un dios que, por ellos, todo puede hacer.
Un dios que también acepta se corromper.

Ellos desean un dios servidor,
Un dios que siempre les da su favor.
El verdadero amor queda en segundo plano.
Lo más importante es todo lo que están ganando.

¡Ese mensaje es una gran abominación!
¡El Señor no es nuestro servidor!
¡Somos los siervos del Señor!
No adoramos a Dios por interés.
Lo adoramos por su gran amor.

Huya de cualquier evangelio extraño.
Pues para el infierno, él te va a llevar.
Vuelva a la Biblia y oiga la voz de Dios hablar.
Solo hay un Evangelio que nos puede salvar:
La sangre de Cristo para nos perdonar,
Y alabar a Dios, para la gratitud demostrar.

Lo que Dios desea

El Señor desea sinceridad.
Él quiere que la gente hable la verdad.
Gente con la que Él pueda confiar.
Gente que no se va a quejar.

El Señor no se importa con su apariencia.
Dios desea un buen corazón.
No hay provecho estar siempre impecable,
Pero tratar a la gente de manera despreciable.

Él quiere que la gente practique el amor.
Que se unan a todos sin pudor.
Que grandes cosas puedan construir,
Y el mensaje de Jesús, puedan esparcir.

Dios quiere un adorador verdadero,
Que acepte ser una vasija para el alfarero.
Él quiere a alguien que esté dispuesto a cambiar,
Alguien en quien Él pueda trabajar.

Aquel que es trabajado por Dios, queda perfecto,
En su vida, la persona tiene un nuevo concepto.
Él empieza a ser un instrumento de Dios,
Cumpliendo la misión que el Señor le dio.

Tiempos difíciles

En el tiempo determinado, la bestia vendrá,
Con sus señales, muchos, ella engañará.
Muchas arrogancias y blasfemias, ella dirá.
Toda la gente, ella intentará conquistar.

Por ella, muchos serán engañados.
En sus enlaces, muchos serán capturados.
Ella conquistará todo reino y nación.
Todos los reyes la servirán,
Todos parecerán una conspiración.

Toda la gente, la bestia intentará dominar,
Con su nombre, todos se van a marcar.
Pues sin la marca, ellos estarán limitados,
No podrán vender ni comprar.

Todo será un verdadero caos.
El mundo estará dominado por los malos.
Con la ayuda de Cristo, unos cuantos van a resistir,
La corona de la vida, ellos van a conseguir.

Habrá gran pelea y tribulación,
No será fácil resistir aquella situación.
La única esperanza será tener a Dios en el corazón.
Solamente Dios podrá librarlos de tanta desolación.

Por causa de Jesús, ellos serán muertos y torturados.
Después de pasar por todo, estarán aprobados.
Irán hacia la gloria, y con Cristo, van a reinar,
Alabanzas a Dios, eternamente van a entonar.
En la presencia de Dios, siempre van a habitar.

El fin

Todas las profecías están siendo cumplidas,
No estamos viviendo las mismas alegrías.
Mucha gente está padeciendo y muriendo.
Unos no entienden lo que está ocurriendo.

Lo que pasa es lo que hace mucho tiempo fue prometido.
El gran día que regresará el Señor Jesucristo.
Será un día de gran juicio.
Mismo con tantas señales ocurriendo,
Muchos piensan que es fanatismo y no están creyendo.

Grandes y terribles cosas pronto van a acontecer.
Será un tiempo de mucha tribulación.
En el cual nadie se podrá proteger.
Será guerra de nación contra nación,
Hermano contra hermano. ¡No habrá amor en el corazón!

Muchos miran a todo y piensan que es natural.
Actúan como si toda tragedia fuera normal.
No analizan lo que el Señor habló,
No dan atención a las últimas profecías que dejó.

Por causa de la incredulidad, muchos van a perecer,
Ellos verán las señales y no podrán arrepentirse.
Toda la gente, el Señor amó y avisó,
Pero unos cuantos oyeron y obedecieron,
Y estos pocos, el Señor salvó.

Mensaje diferente

A través de los profetas, Dios se mostró,
En el tiempo cierto, la palabra de Dios se confirmó.
Nada de lo dicho se perdió,
Toda promesa o maldición, ocurrió.

Para que todos pudiesen saber acerca de Dios,
Todas sus palabras, el pueblo escribió.
Así, su verdad sería eternizada,
Y maldito sea aquel que cambiarla.

La palabra de Dios fue divinamente inspirada,
Y de ella, ninguna palabra debe ser quitada.
Todo debe quedar como el Señor dejó,
No podemos quitar la parte que no nos agradó.

Dios dijo lo que era provechoso para la gente.
Está escrito lo que va a ser provechoso en la mente.
Esta verdad, algunos no quieren aceptar.
Ellos buscan maneras para todo cambiar.

Ellos quieren adaptar para algo moderno.
Intentan quitar la esencia del Evangelio.
Ellos desean una ley que sea liberal,
Para tener un dios que piensa que todo es normal.

Acerca de eso, el Señor ya advirtió,
Para los Gálatas, Pablo claramente habló:
"Si alguien predica un evangelio distinto, ¡caiga bajo
maldición!"
Pues no hace la verdadera predicación.

Siga la verdad que Cristo dejó,
La verdad es: por nosotros, Él se sacrificó,
Con el amor de Dios, Él nos reconcilió.
Solamente el Padre, debemos amar y adorar,
Así, damos motivos para Dios se agradar.

Pidiendo fuerza a Dios

Señor, necesito de ayuda para orar,
Necesito que tu Espíritu venga a tocarme.
Algo me perturba siempre que pienso en orar.
Jesucristo, ayúdame a buscarte.

Limpia mi camino de toda distracción,
Pone tu palabra en mi corazón.
Libra mi mirar de toda impureza,
Que mi faz refleje tu grandeza.

Ayúdame siempre a testificar acerca del Señor,
Las buenas nuevas del Evangelio, yo quiero hablar.
Para que muchos se puedan salvar.

Yo soy pequeño y muy débil,
Empiezo a buscarte y viene el cansancio.
¡Oh, Señor, venga a fortalecerme!
Utiliza en mí tu santo poder.

Con tu ayuda, todo puedo hacer.
No habrá nada que me pueda limitar.
Delante de mí, su mano estará,
Y hacia un nuevo camino, me llevará.

El diluvio

El Señor se entristeció con su creación,
Él vio que el ser humano apenas causa destrucción.
La maldad dominaba todo corazón.
En nadie había algo bueno.

Dios decidió destruir todo,
Enviando sobre la Tierra un gran diluvio.
Antes de todo eso suceder,
Hubo un siervo que Dios quiso proteger,
Noé, un hombre bendito por Dios,
El Señor iba a salvarlo con los suyos.

Un arca, Dios lo mandó construir,
Y toda pareja de animales iba a venir.
Para que toda especie se pudiese salvar,
Después de las lluvias, una nueva Tierra empezará.

Ninguno de los seres humanos restará,
Toda la maldad de la Tierra, el agua lavará.
Hasta los altos montes serán inundados.
Toda la Tierra parecerá un gran lago.

Después de todo eso suceder,
Las aguas empezaron a retroceder.
La tierra nuevamente podría ser vista.
Todos tenían esperanza en una nueva vida.

Dios los condujo hasta la salida del arca.
La promesa de fidelidad fue confirmada.
En agradecimiento, Noé sacrificó,
De eso, el Señor se agradó.

Un nuevo pacto con Noé fue establecido,
Este mundo jamás será destruido.
Habrá una señal para la gente recordar,
El cuánto Dios fue capaz de amar.

La caída del ser humano

Alguien semejante a sí, Dios creó,
Creó el hombre y mucho lo amó.
Hizo el hombre su imagen y semejanza,
Y sobre la Tierra, le concedió el liderazgo.

El Señor no quiso ver al hombre solo,
Creó una compañera para él.
Una mujer que era su propia carne,
Una compañera que lo ayudase.

El primer matrimonio estaba formado.
Para su alimento, todo árbol fue dado,
Solamente uno, ellos no podrían comer,
Si comiesen, seguramente iban a fallecer.

Así mismo, prefirieron desobedecer,
Y al consejo de la serpiente, decidieron atender.
Sus ojos han sido abiertos y todo ellos pudieron ver.
Quedaron avergonzados y de Dios, intentaron esconderse.

De esa actitud, el Señor no se agradó,
La serpiente, Él la maldijo,
Del paraíso, Dios les expulsó.
En la tierra común, los echó.

Ahora, de su trabajo van a comer,
Muchos dolores, ellos van a padecer.
Todo porque a Dios no escucharon.
Y de lo que era prohibido probaron.

La creación

Todas las cosas, el Señor creó,
Toda la Tierra, Él formó.
Los cielos y las aguas, Él separó.
En medio de las aguas, la tierra apareció.
En el seno de la tierra, la hierba creció.
Todo árbol creció y floreció.
En el tiempo determinado, el fruto surgió.

En los cielos firmó los grandes astros,
Para toda la Tierra alumbraren.
El mayor para el día alumbrar,
Y el menor, para la noche gobernar.
Muchas estrellas, el Señor creó.
Las tinieblas y la luz, Él separó.

En las aguas, la vida empezó.
Con reptiles y muchos peces.
Las aves en los cielos, Él echó.
Por toda la tierra pudieron volar.
Tenían todos los lugares para anidarse.
Todos podrían crecer y multiplicarse.

En la tierra, muchos animales surgieron,
Tipos y tamaños diferentes, ellos desarrollaron.
Pequeños, medianos y grandes estaban allí,
Hechos con gran perfección,
Que solo el Señor podría hacer en la creación.

Los crímenes de Jesucristo

Cristo no hice nada errado,
Y así mismo fue crucificado.
No es posible comprender,
La razón de ese mal, la gente hacer.

Solamente una cosa Jesús defendió:
Tener plena fe en un solo Dios.
Él enseñó a amar y perdonar,
Así mismo, ellos lo prefirieron matar.

Jesús apenas demostró bondad,
Para los cautivos, mostró la libertad.
Todo enfermo, por Él fue sanado,
Así mismo, por muchos fue humillado.

Las mentiras de la religión, Cristo denunció,
Mostró que el Evangelio es más que la ley,
El Evangelio también es el puro amor.
Con estas palabras, los líderes quedaron enojados,
Y a toda costa intentaban matarlo.

Cuanto más lo perseguían, más Él hablaba.
Jesús sabía que no había engaño en nada.
Era la gente que estaba equivocada,
Ellos no deseaban arrepentirse de sus pecados.

Después de Jesús enseñar todo,
Sus acusadores vinieron a capturarlo.
Sin resistir, el Señor se entregó.
Estaba cumpliendo lo que Dios planificó.

Por mucha gente, Él fue herido y golpeado,
Su cuerpo fue violentamente mutilado,
Fue crucificado, muerto y sepultado.
Ellos pensaron que todo estaba terminado...

Después de tres días, Él regresó,
Para sus elegidos, Él se mostró.
Confirmando lo que ya había hablado.
Que al tercer día sería resucitado.

Todas las cosas estaban completas,
Jesús cumplió su misión en la Tierra.
Para junto de Dios, Él regresó.
Dejando el Espíritu Consolador,
Que ayudará a todos hasta el día del Señor.

Enemigos devoradores

Mis enemigos baten en mi puerta.
Ellos quieren capturarme sin demora.
Ellos desean destruirme.
Todo lo que tengo, ellos quieren poseer.

Ellos tienen envidia de todo lo que tengo.
Ellos quieren robarse todo el momento.
En sus corazones, hay malos sentimientos.
Todos son muy avarientos.

No se sacian con lo que tienen,
Siempre quiere tomar algo de alguien.
La vida de otros, ellos quieren devorar,
Así, más cosas podrán conquistar.

Contra ellos, apenas Dios puede protegerme.
Por mí, su mano va a pelear.
Todos los enemigos, Él va a derribar.
No quedará nadie para perturbar.

El Señor me libró de todo el mal,
Puso sobre mí la bendición celestial.
De todo el mal alrededor, Él me libró,
Mi vida y mi alma, Dios salvó.

Casi muerto

La gente quiere condenarme,
Quieren apuntar sus dedos hacia mí.
Cada vez que yerro, quieren juzgar.
No encuentro nadie para ayudar.

Estoy quedando completamente desesperado,
Estoy necesitado, pero no hay nadie a mi lado.
¡Ya no sé qué puedo hacer!
Cuanto más hablo, menos pueden comprender.

Yo hablo, pues tengo que desahogarme,
Necesito a alguien para escucharme.
Alguien que siempre sea sincero.
Alguien que siempre esté cerca.

Entre la gente, nadie pude encontrar.
Mi vida no tiene sentido, me voy a matar.
Para mi caso, no hay más solución,
Estoy abandonado en completa soledad y desilusión.

Ya había decidido lo que haría,
Después de hacerlo, arrepentirme, no podía.
Yo estaba muy cerca de matarme,
Pero alguien vino hacia mí y empezó a hablar.

La persona dijo que aquel no era el camino.
Habló que yo no necesitaba hacerlo.
Dijo que existe alguien que todo puede cambiar.
Es aquel que todos en este mundo puede salvar.

No comprendí quién podría ser,
O quien esa gran cosa podría hacer.
Aquella persona no desistió de mí,
Y siguió explicándome así:

Mi amado, Dios tiene la solución,
Él te abrazará y sacará de la soledad y desilusión.
Solo Él realmente te va a amar,
En cualquier situación, Él te va a escuchar.

El Señor siempre te va a oír y ayudar.
Por más difícil que sea, Él no te va a abandonar.
Para su vida empezar a cambiar,
El Señor Jesús, usted debe aceptar.

Al oír eso, empecé a animarme,
Finalmente, habría alguien para ayudarme.
De toda soledad, me voy a librar.
Tendré a alguien que realmente me va a amar.

La persona bondadosa continuaba hablando:
Hoy, Dios te da una oportunidad,
Salir de la tristeza e ir hacia la felicidad.
Él te va a librar de toda prisión,
Jesús te dará un nuevo corazón.

Él te enseñará amar,
En el camino de la justicia, Él te pondrá.
Nada más tendrá fuerzas para te desanimar,
En un lugar de amor, usted estará.

Después de oír todo eso,
Finalmente estaba tranquilo.
Empecé a soñar nuevamente,
Empecé a liberar mi mente.

Dios me convenció de que no debía matarme,
A través de una persona que vino a salvarme.
Decidí que, a Jesús, iba a entregarme.
Y después de mucho tiempo triste, pude sonreír,
Por un buen camino, yo voy a seguir.

Después de aquel día, mi vida cambió,
El Señor Dios me transformó.
Una nueva vida, yo pude ganar,
Ahora, tengo Dios para me amar,
Y otras personas que pueden ayudar.

Conocer Jesús fue lo mejor que me sucedió,
Del infierno y gran tormento, Él me libró.
Él me puso en un lugar de salvación.
Es como aquella persona había dicho:
Jesús murió para salvar gente de toda nación.

Misión

Dios tiene un plan para nosotros,
Él nos creó en su tiempo determinado.
En la época exacta que seríamos aprovechados.
No estamos en esa Tierra sin dirección,
Para cada uno, Dios tiene una misión.

Puede ser la misión de alabar,
Para Dios, muchas canciones, entonar.
Con instrumentos y voz, lo adorar,
Y con ese don, muchos lo van a glorificar.

Tal vez su misión sea evangelizar,
En muchos locales, el Evangelio anunciar.
Hablando con todos de la buena nueva de la salvación,
Plantando la semilla de la esperanza en cada corazón.

Su misión puede ser convertirse en un gran predicador,
Sobre los misterios de Dios, usted será un enseñador.
A través de su habla, en Cristo, muchos creerán,
Por causa de su palabra, los pecadores se arrepentirán.

Un don de Dios a cada uno fue dado,
Para su vida, el Señor tiene un algo planificado.
Si usted aún no sabe lo que hacer,
Ore a Dios y Él te va a responder.
Y su misión, usted va a comprender.

La obediencia de Isaac

Toda la tierra estaba en gran hambre,
No había nada que podían hacer.
Si se quedaba allí, Isaac sabía que iba a fallecer.

Él decidió que cambiaría de lugar,
Iba hacia otra tierra, una nueva vida iba a empezar.
El gran reino del Egipto estaba a la disposición,
Aquella siempre fue una rica nación.

El Señor dijo que él no debería ir allá,
Y que un mejor lugar. Él iba a indicar.
Dios indicó a Isaac la tierra de Guerar.
Con toda su familia, él fue sin argumentar.

En aquella tierra, él fue muy bendecido,
Todo lo que hacía, tenía el rendimiento acrecido.
Todas las cosas que hizo, el Señor lo prosperó.
Un gran milagro en aquella tierra, Dios realizó.

Dios mostró que Él tiene el mejor,
Y no echa sus hijos en el peor.
Él quiere ayudarnos a vencer,
Para eso, a sus órdenes, tenemos que obedecer.
Y un milagro en nuestra vida, Él va a hacer.

Abraham

Un pacto fue hecho con Abraham,
Dios le dio una nueva alianza,
Lo que Dios dijo, Abraham obedeció,
Confiando en lo que Dios prometió.

Le fue prometida una nación numerosa,
Que, entre todas en la Tierra, iba a ser la más poderosa.
La única nación que tenía el verdadero Señor.
Aquel que es digno de toda alabanza y amor.

Mismo con edad avanzada, Sara concibió.
En el tiempo determinado, Isaac nació.
Una esperanza vino para Abraham y su familia,
Él vio el regalo de Dios en su vida.

Dios decidió que su siervo sería testado,
Pidió a Abraham que su hijo fuera sacrificado.
En ningún momento Abraham recusó,
Pues él siempre confió en el Señor.

Cuando él levantó la mano para sacrificar,
Vino la voz de Dios diciendo que debería parar.
En aquel teste, El Señor lo aprobó,
Y un carnero para el sacrificio, Dios providenció.

Abraham siempre confió en el Señor,
Pues sabía que Él es el Dios del amor.
En ningún momento Abraham tembló,
Él siempre estaba al lado del Señor.

Abraham sabía que en Dios podría confiar,
Y sabía que el pacto realizado debería guardar.
Él se mantuvo con una fe que nada puede temblar.
Y en el final, él vio toda promesa se realizar.

Los caminos

Solo hay un camino para seguir,
De ningún modo debemos desviarnos.
Por el camino estrecho debemos andar.
El Señor Jesucristo, debemos alabar.

Él dejó el buen y verdadero camino.
Aquel que para el Reino de Dios está conduciendo.
Jesús fue muy claro en su hablar:
Para ningún lado usted se debe desviar.

Si nos desviamos del camino, cambiamos nuestro destino.
Salimos del camino del reino y vamos rumbo al abismo.
Un abismo que nos va a prender,
Es un lugar de tinieblas, y que nos hace padecer.

En el abismo, conocemos el verdadero dolor,
Dónde hay apenas el llanto y rechinar de dientes,
Un lugar donde no hay ningún amor.
Hay apenas la destrucción del pecador.

Después de estar allí, no hay cómo escapar.
Toda la eternidad usted estará allá.
No habrá la segunda oportunidad,
Estará lejos de Dios toda la eternidad.

A causa de su gran amor,
Sobre los caminos, Jesús nos enseñó,
Así, del abismo, podemos desviarnos,
Y en su verdadero camino andar.
De ese modo, nuestras almas se pueden salvar.

El imitador de Dios

Toda la gente, el enemigo quiere engañar,
Él hace todo para imitar al Señor.
Hasta señales y maravillas, él puede mostrar,
Él hace todo para que todos se puedan desviar.

En nuestro mundo, él trabaja muy dedicado,
Quiere sumergir a todos en el pecado.
Sus señales están por todos lados.
Él es persistente y muy esforzado.

Él muestra el pecado como algo normal,
Ilusiona la gente para que no vean el mal.
Él hace todos cayeren en la ceguera espiritual,
Sin percibir, la gente está en su ritual.

Él hace cosas que son difíciles de percibir,
Son muy parecidas con las cosas de Dios,
Ellas pueden engañarte a ti y a mí.
La gente ayuda al enemigo sin percibir.

Solo Dios para darnos protección,
Solo el Señor para tocar en nuestro corazón,
Mostrando la diferencia entre la bendición y la maldición.

Del enemigo, Jesucristo nos va a librar,
En su esperanza, debemos estar firmados.
Para que podamos salvarnos.
Todo el engaño será mostrado por el Señor.
Y en el abismo va a ser echado el imitador.

Incrédulos

La Tierra gira y el tiempo está pasando,
En Dios, muchos no están creyendo.
Creen que Él es una cosa fantasiosa,
Piensan que la Biblia es mentirosa.

Unos creen que todo es normal,
Observan los actos de la gente cómo algo natural.
Creen que no hay nada infernal.

Muchos creen que el universo no ha sido creado,
Creen que todo fue solo acaso.
Ellos no creen en la divina perfección,
Ellos desprecian totalmente la creación.

Dios advirtió acerca de esa gente,
Con filosofías y sabidurías, muchos vendrían,
Descreer la palabra de Dios, ellos intentarían.
Ellos van a convencer a mucha gente,
Muchos borrarán la enseñanza bíblica de su mente.

A los incrédulos, no intente convencer,
Pues van a criticar y burlarse.
Sus ideas no son fáciles de cambiar,
Esas vidas, solo Dios puede transformar.

El Señor puede llevar a ellos su revelación,
Tocando profundamente en cada corazón.
Aquel que antes era un burlador,
Puede convertirse en un gran adorador.

Vendida

Yo quería todo el mundo ganar,
Tener muchas riquezas y todo conquistar.
No hay nadie que me pueda impedir.
Solo quiero que todos me obedezcan a mí.

Para tener condiciones de alcanzarlo,
Haré todo lo que sea necesario.
No importa lo que tenga que hacer,
No me importa si necesito venderme.
¡Solo deseo vencer!

Hice de la manera que había dicho:
Tuve que venderme para ser reconocida.
Todo mi cuerpo, yo exploré,
Para aquel que me paga, lo entregué.
Fue difícil, pero no me importé.

Después de empezar a venderme,
Muchas cosas nuevas, pude tener.
Casa, coche, dinero y todo lo que deseaba.
Parecía que yo estaba soñando,
Todo lo que deseé estaba siendo realizado.

Todo iba de maravilla,
Tenía todo lo que siempre quise en mi vida.
Cuanto más quería, más me vendía.
Ya estaba convirtiéndose en una rutina.

Percibí que había una cosa errada,
Tenía todo, pero me sentía humillada.
Sentía como si tuviese todos,
Pero al mismo tiempo, estaba sola.
Conocía mucha gente, pero vivía sin compañía.

Eso empezó a entristecerme,
Hasta sentí ganas de morir,
No había ninguna razón para continuar viviendo.
Yo era terrible, mi cuerpo estaba vendiendo,
Para tener lujo y sustento.

Encontré una manera de calmarme,
El uso de las drogas, empecé,
Fumaba, inhalaba e inyectaba,
Hacía todo para sentirme aliviada.

En el inicio, eso funcionó.
Y mi conciencia se calmó.
Pero después, paró de funcionar,
No había nada que me podía tranquilizar.

Quedé con el deseo profundo de morir,
Yo pensaba: mi ausencia, nadie va a percibir,
No tengo sentido para continuar viviendo.
Es mejor la muerte, así yo paro mi sufrimiento.

Un día, una persona me abordó,
Y empezó a hablarme sobre un Salvador.
Él dijo que mi vida podría cambiar,
Dijo que Jesús todo podría curar.

Fue una palabra muy bonita,
Pero empecé a cuestionar:
Si Él puede salvar todos,
¿Por qué en mi vida Él se iba a interesar?
Yo no tengo valor, ¡yo soy una adicta!
¡Estaba vendiéndome por pocas moneditas!

Con mucho amor, él me contestó:
Fue por eso por lo que Jesús murió,
Para nuestros errores, Él perdonará.
Para traer a la luz aquel que en tinieblas está.
Su sangre puede transformar todo.
Él no ha venido para condenarnos.
Vino a extender su mano para levantarnos.

Todo eso fue un choque para mí.
Nunca nadie había hablado algo así.
Yo estaba viviendo una pelea interna,
Una parte de mí, en eso quería confiar,
Y la otra, en la vida actual, quería continuar.

La persona notó mi confusión,
En una actitud inesperada, pegó mi mano,
Miró en el fundo de mis ojos y dijo:
Mi amada, no te quedes triste, Jesús te ama.

Oír eso, mucho me sacudió,
Pues nadie nunca me amó.
Ahora, surge para mí una novedad.
Alguien que me ama con sinceridad.
Estaba sin saber lo que hacer,
Solo una cosa, pude decir:
¿Qué hago para ese amor recibir?

Con mucha delicadeza, él me contestó:
El Señor Jesús, usted debe confesar.
Déjalo en su vida entrar.
Todo lo que está errado, Dios va a arreglar,
Una vida nueva, Él te va a dar.

En ese momento, el llanto, ya no pude contener,
Como una niña, un gran lloro, yo empecé.
La persona me abrazó y habló:
Bienvenida al nuevo amor.

Desde ese día, mi vida cambió,
Fui a una iglesia, me bauticé y acepté al Señor.
De una vida terrible, Él me liberó.
De toda la suciedad, Él me limpió.
Hoy alabo con todas mis fuerzas para agradecer su amor.

Estoy muy feliz que el Señor me eligió,
Oro por la vida de aquel que Dios utilizó,
A través de aquella vida, Dios me rescató.
Que yo también pueda ser así,
Y muchas almas para Jesús, yo pueda conseguir.

Nuestro cuerpo

Nuestro cuerpo, debemos preservar,
Él es un regalo de Dios para cada uno cuidar.
Nuestro cuerpo, no podemos dañar,
El Espíritu Santo desea en él habitar.

Cada día debemos buscar la santificación,
Evitando cosas que generan contaminación.
Dios nos dio un cuerpo en perfecto estado,
Y Él quiere que, de todo el mal, el cuerpo sea guardado.

En cosa alguna, debemos nos enviciar,
Los vicios nos van a perjudicar.
Ellos hacen el cuerpo se deteriorar.
Si un vicio se está acercando a usted,
Pida la ayuda de Dios para fortalecerte.

Consagre su cuerpo al Señor,
Todo lo que haga, haga para Dios, por amor.
No haga cosas que te van a perjudicar,
Haga todo para la gloria de Dios mostrar.

Confiar en sí mismo

En el Señor, debemos confiar,
Pues si confiamos, todo Él hará.
Nosotros nada podemos hacer,
Apenas el Señor hace algo acontecer.

Dios está siempre nos observando,
Él ve el cuánto estamos peleando,
Y sabe por qué estamos errando.
Es porque en Él, no estamos confiando.
En nuestras propias fuerzas, nos apoyamos.

El Señor quiere ayudarnos,
Para eso, tenemos que parar de luchar,
Solo en su misericordia debemos confiar.
Haciéndolo, en nuestra vida, Él actuará.
Una gran transformación empezará.

Todo lo que estaba imposibilitado,
De ahora en adelante estará liberado.
No hay nada que el Señor no pueda hacer.
Hasta en el desierto, Él hace la hierba crecer,
Él es Dios y tiene todo poder.

Hoy, una decisión, usted puede tomar,
En su propia fuerza, usted debe parar de confiar.
Entregue toda tu vida al Señor,
Y espere la acción de Dios a su favor.

Falso pastor

En las iglesias, hay falsos pastores,
Enseñan algunas partes de la Biblia,
Pero no hacen lo mismo en sus vidas.
Ellos desean el reconocimiento,
Enseñan sin buen discernimiento.

Muchos de ellos tienen puestos que son comprados,
Pero dicen que por Dios fueron llamados.
Un evangelio terrible está siendo predicado,
Uno que no habla acerca de Cristo crucificado.

El liderazgo de la iglesia no hace nada,
No se importan desde que la ofrenda sea dada.
Ellos nunca desearan agradar a Dios,
Desean una manera de tener sustento.

Cuando alguien intenta denunciar,
La iglesia no lo quiere escuchar,
Expulsan el miembro para silenciarlo.
Los líderes saben la verdad,
Pero cierran los ojos para la maldad.

Eso no es tan raro ni anormal,
Muchos lo hacen, sin temor espiritual.
Piensan que Dios no va a hacer nada,
Siguen iguales, sin arrepentirse.

Dios está observando todo,
Él está viendo unos matando al rebaño.
Por Él, algunas personas serán levantadas,
Para que la verdad sea revelada.

Al Señor Dios, debemos orar,
Y de ese mal, Él nos va a librar.
Debemos pedir a Dios sabiduría,
Para reconocer el error y la mentira.

El futuro

Quedamos preocupados por el futuro,
Planeamos lo que vamos a hacer,
Deseamos saber lo que va a suceder,
Acerca de los días siguientes, queremos saber.

El futuro es algo muy importante,
Pero no debe ser tan preocupante.
Si mucho deseamos saber y planificar,
Extremadamente inquietos, vamos a estar.

No hay razón para la preocupación.
En todas las cosas, Dios está en la conducción.
Todo sucede como el Señor desea,
Solo Él sabe cómo mañana será.

No hay provecho en mucho planificar,
Si no sabemos si la vida continuará.
Todas las cosas, el Señor ya ha planificado,
Un día agradable, Él ya ha dibujado.

Solo hay una cosa que puede generar preocupación,
Saber si estamos con Dios y con su protección.
Si sí, nuestro futuro estará preservado.
Si no, hoy mismo, todo puede estar terminado.

Evangelio gratuito

Jesús no cobró nada para predicar,
Él fue a todo lugar para enseñar.
Ningún dinero, Él exigió,
Ninguna recompensa, Él pidió.

Este es el verdadero Señor,
Que vino con el mensaje de amor.
De la gente, Él nunca cobró,
El dinero que recibió, a los pobres, donó.

De Cristo, Pablo fue seguidor,
Los bienes materiales, él nunca amó.
Para muchos lugares, él viajó,
Él anunció el Evangelio y no cobró.

Él vivía por la gracia del Señor,
Solamente en la obra de Dios, él se empeñó.
De muchas riquezas, él no necesitó,
Con lo que podía tener, él se contentó.

Esos son apenas dos ejemplos,
Si todos fuesen citados, no habría tiempo.
Una cosa, yo quiero mostrar,
No es correcto cobrar para evangelizar.

El mensaje de Dios, podemos anunciar,
Hagamos gratuitamente, sin cobrar,
No cobre por aquello que nos es tuyo,
No cobre para dar el don de Dios.

Perdón

Cuando somos heridos,
Nuestro corazón queda entristecido.
Pensamos en pagar el mal recibido,
Creemos que eso nos va a dar alivio.

Alimentamos el deseo de venganza en el corazón,
Siempre tenemos pensamientos de destrucción.
Pensamos en las opciones que podemos ejecutar,
Deseamos herirlo para nunca olvidar.

La gana de la venganza está creciendo,
El amor en el corazón está muriendo.
Pensamos que ese sentimiento es normal,
Porque necesitamos retribuir a aquel mal.

Por más difícil que sea, debemos perdonar,
Así, de todo el mal, vamos a librarnos.
Necesitamos hacer cómo Jesús hizo y enseñó,
Hasta sus asesinos, el Señor perdonó.

Cuando nuestro perdón es liberado,
Estamos en paz con todos a nuestro lado.
Estamos correctos delante del Señor,
Liberándonos de la influencia del acusador.

El Señor dijo que siempre debemos perdonar,
El perdón para todos, debemos dar,
Si queremos ser perdonados, primero debemos perdonar.

Búsqueda por prosperidad

A toda costa, muchos quieren prosperar,
De muchas maneras, ellos quieren ganar.
Piensan que prosperidad es enriquecer.
Todas las cosas, ellos desean tener.

Son gente que nunca tiene tiempo para agradecer.
Ellos ven en Dios una manera para todo tener.
Piensan que Dios es su servidor,
Y que Él tiene que darles algo de valor.

Ellos alimentan una mentira en su corazón,
Creen que Dios tiene con ellos alguna obligación,
Y todo lo que desean, Él les dará,
Todos sus deseos, Él realizará.

Esa gente está engañada,
Dios no está obligado a nada.
Debemos seguir el Señor por su amor,
Y no porque Él dará algo de valor.

Cuando deseamos mucho el material,
Olvidamos de la parte espiritual.
Seguimos por el camino equivocado.
Hacia una vida gananciosa, somos llevados.

Pare de cobrar tanto de Dios,
No fue riqueza lo que Él prometió.
El más grande regalo, Él ya nos dio.
La gracia de la salvación, Él nos concedió.

José

Por sus hermanos, él fue despreciado,
De muchas maneras, intentaron atraparlo.
Primero lo echaron en una cueva,
Y después, lo vendieron como esclavo.

José mucho se entristeció,
Pero nunca se quejó con Dios.
Él tenía plena confianza en el Señor,
Él esperaba la acción del Dios de amor.

En Egipto, fue esclavo de un señor,
Y todo lo que hice, mucho prosperó.
La bendición en su vida, Potifar reconoció,
Él sabía que José era un hombre de Dios.

Por la mujer de Potifar, José fue acusado.
Por su señor, él fue castigado.
Para la terrible cárcel, él fue llevado,
Una vez más, él no se quejó,
Él siempre confiaba en el Señor.

Mismo en aquella terrible prisión,
Dios le extendió su mano.
Por el guardia de la cárcel, él fue reconocido,
Y a él fue dada la guardia del presidio.

Una noche, dos prisioneros soñaron,
Con sus sueños se perturbaron.
José pidió ayuda al Señor.
Y los dos sueños, él interpretó.
Toda su palabra se confirmó.

Después de dos años, el faraón también soñó,
Y ninguno de sus sabios interpretó.
De la interpretación de José, el servidor se recordó.
Inmediatamente, el faraón lo llamó,
Y sus sueños, José correctamente descifró.

El faraón reconoció que él era un hombre de Dios,
Y puso José en el comando de todo lo que era suyo,
En aquella tierra, José mucho prosperó,
Fue esclavo y ahora era gobernador.
Todo eso porque él temió al Señor.

Hubo un tiempo de hambre en toda la tierra,
En ningún lugar brotaba la hierba.
Los hermanos de José fueron a Egipto,
Buscando el alimento para toda la familia, el trigo.

Para ellos, José no se dio a conocer,
Prefirió su llanto esconder.
Él pidió que trajeran a su hermano,
José sentía dolor en el corazón.

Benjamín fue llevado hacia José,
Internamente, José mucho lloraba,
Pero a la vista de todos, él se callaba.
Él esperó un tiempo para se revelar.
Y poco tiempo, pudo aguantar.

Para todos, José se mostró,
Diciendo que todo sucedió por voluntad del Señor.
Reconociendo que su mal se convirtió en bien,
Y él no tenía nada contra nadie.

Juntos, todos se emocionaron,
Viendo nuevamente el hermano que casi mataron.
Fue un momento de mucha conmoción,
Las palabras venían del corazón.

Después de suceder todo eso,
José trajo la familia de su padre a Egipto.
Y allí, todos ellos prosperaron,
En los caminos del Señor, siempre caminaron.

Esa historia es muy provechosa,
Vemos como la acción de Dios es gloriosa.
Mismo estando en el fondo del pozo.
O arrestados en un horrible calabozo,
El Señor Dios es nuestro socorro.
No hay razón para se preocupar.
Al frente de todo, el Señor está.

Moisés

Entre los hijos hebreos, él ha sido salvado,
En el río, en una cesta, él ha sido echado.
La hija del faraón lo encontró,
Como un hijo, ella lo tomó.
Por el nombre de Moisés, ella lo llamó.

En la tierra de Egipto, Moisés creció,
Un homicidio en aquel lugar, él cometió.
Los egipcios deseaban matarlo,
Él huyó para estar a salvo.

En Egipto, el pueblo de Dios clamó,
Pidiendo la liberación del dolor.
El Señor dio atención a la aflicción.
Recordando el pacto con Abraham.
Dios estaba preparando la salvación.

En el monte Horeb, con Moisés, Dios habló,
Y su gran nombre, Moisés, conoció.
Dios dijo: Yo soy el que soy.
El Señor lo puso como salvador del pueblo.

Dios prometió la libertad a su pueblo,
Hablando que les pondría en un lugar nuevo.
Muchas señales, el Señor prometió hacer,
Para que, en Él, muchos puedan creer.

Moisés dijo que todo eso, él no podría hacer,
El Señor dijo: va y contigo yo siempre estaré.
Moisés decidió que en el Señor iba a confiar,
Creyendo que todo el pueblo, Dios iba a liberar.

El camino hacia la libertad

Con el faraón, Moisés y Aarón fueron a hablar,
Pidieron la libertad del pueblo de Dios.
El faraón endureció su corazón,
Y rechazó fuertemente aquella petición.

Las señales para el faraón, Moisés mostró,
Pero él, en nada de aquello creyó.
Sus hechiceros intentaron y también pudieron hacer,
Y en las señales de Moisés, él no quiso creer.

El Señor empezó el castigo con las plagas,
Convirtió en sangre toda el agua.
Mirando eso, el faraón se asustó.
Pronto sus hechiceros y magos vinieron,
Y de la misma manera que Moisés, ellos hicieron.

En todo el país muchas plagas sucedían,
Para los egipcios, muchos males ocurrían.
Y a los israelitas, no les pasaba nada,
Así mismo, el corazón del faraón no cambiaba.

Después del pueblo egipcio estar muy herido,
Vino del Señor el último aviso:
Celebren, pues de un gran mal los voy a salvar,
Una gran plaga por toda la tierra va a pasar.
Y quien no se señalar, el primogénito morirá.

Todo israelita obedeció al Señor,
Con la sangre del cordero, cada casa se señaló.
De la muerte de los primogénitos, el Señor los libró.
Los primogénitos de todos los egipcios perecieron,
Del hijo del pobre hasta el del faraón, todos murieron.

Finalmente, el faraón los liberó,
Los egipcios temían al pueblo y les regaló.
Ahora, todo el pueblo de Israel está libre,
Yendo hacia la buena tierra que el Señor dijo.

Los últimos egipcios

El Señor sacó su pueblo de Egipto,
Conduciéndolos en el desierto por un buen camino.
Durante el día, una columna de nube los guiaba,
En la noche, era una columna de fuego que alumbraba.

Los egipcios intentaron seguir el pueblo,
Hubo en aquella tierra un gran alboroto.
El Señor prometió que su pueblo estaría a salvo.
Ellos hicieron todo como Dios había hablado,
Acamparon en el lugar que fue señalado,
Esperando el momento que Dios iba a ser glorificado.

Frente al mar, Moisés clamó al Señor,
Un gran viento oriental, Dios ordenó.
El mar se abrió y pasaron a la tierra seca.
Los egipcios también intentaron pasar,
Pero el Señor hizo su ejército retrasar,
En los israelitas, ellos no pudieron llegar.

A través del mar abierto, el pueblo cruzó,
Y a los egipcios, toda aquella agua les sumergió.
En aquel día, supieron que Dios es el Señor.
De la mano de todos los egipcios, Dios los libró,
Sobre los impíos, su nombre glorificó.

En el desierto, los israelitas fueron a caminar,
Aun viendo las señales de Dios, empezaran a quejarse.
Todos se quejaban de que no tenían alimento,
Moisés clamó al Señor, y el alimento, Él envió.
Todo el pueblo quedó satisfecho.

En una pelea, el pueblo se involucró,
Moisés fue al monte a orar a Dios,
Su pueblo, el Señor, hizo ganar.
Bastaba la mano de Moisés se elevar,
Aarón y Jur, estaban con él para ayudar,
Y en la primera pelea, ellos pudieron ganar.

Dios era el brazo fuerte de Israel,
Cuidaba de su pueblo noche y día,
No había nada que debían temer,
Pues de todo, el Señor les iba a proteger.

Evangelizando

Evangelizar no es una tarea fácil,
Exige dedicación y mucho trabajo.
Es necesaria mucha persistencia,
Siempre pidiendo a Dios paciencia.

Gente dura, vamos a encontrar,
Para ellos, el amor debemos mostrar.
Algunos no saben nada sobre Jesús,
Ni oyeran hablar del mensaje de la cruz.

El nombre de Dios, unos van a negar,
Diciendo que no hay razones para aceptar.
Con estos, es necesario tener mucha sabiduría,
Dejando el Espíritu Santo actuar en cada vida.

Mismo encontrando mucha objeción,
No deje debilitar su corazón.
Es necesario quedar siempre firme,
Dios dará fuerzas, no dejando que desanime.

No es la voluntad humana que va a convertir,
Es el Señor quien hará todo ocurrir.
El nombre de Cristo, debemos presentar,
Para que Dios empiece a trabajar.

En la vida de cada uno, Dios va a actuar,
Es Él quien todo va a ejecutar.
El Espíritu Santo, una transformación puede hacer,
Haciendo hasta el más incrédulo creer.

La suciedad del pecado

El pecado viene para ensuciarnos,
En un río de lodo, él quiere hundirnos.
Él esparce sobre nosotros su putrefacción,
Coloca inmundicias en nuestro corazón.

Del Señor, él quiere alejarnos,
Creará maneras para acusarnos.
En muchas mentiras, él nos hará creer.
De la gloria de Dios, el pecado quiere sacarnos.

Habrá un tiempo que no es posible aguantar,
Clamamos a Dios para Él ayudar.
El Señor oye nuestra súplica.
Y todo lo que es inmundo, Él quita.

Nuestro camino, Él limpiará,
Nuestra consciencia, Dios alumbrará.
Toda la suciedad del pecado, Él va a quitar.
Nuestra vida errónea, Él va a limpiar.

Toda historia, Dios puede cambiar,
No hay nada que Él no pueda transformar.
Pida perdón para con Dios se reconciliar,
Él te perdonará y un nuevo destino, Él te dará.

Dios ve todo

No hay cómo huir del Señor,
No hay cómo esconderme.
Dónde esté, Él me va a ver.
En todo lugar, Él visitará mi ser.

Mismo estando muy escondido.
El Señor siempre está conmigo,
En todo lugar, el Señor me vigilará,
Todo lo que hago, Él sabrá.

Si hago algo errado en secreto,
Hago en secreto, pues sé que es un error.
No hay provecho al tratar de ocultarme,
Todo mi trabajo, el Señor sabrá.

De toda la gente, puedo escapar,
Estoy lejos de su mirar,
Nadie sabrá dónde estoy.
Nadie sabrá para dónde voy.
Pero jamás voy a escapar del Señor.

Él está conmigo en mi corazón,
Para mi vida, Él da atención.
Solo Él estará conmigo en todo lugar.
Solo Él puede ver y juzgarme.

Todo que hizo, Dios juzgará,
De mi trabajo, Él se recordará.
Lo que hizo en oculto, revelado será,
Sea para mi gloria,
O para condenarme.

Gracias

Doy gracias al Señor por despertarme,
Doy gracias por la oportunidad de levantarme,
Agradezco el privilegio de respirar,
Gracias, Señor, por cada día,
Gracias, por darme el aliento de vida.

Solo el Señor puede animarme,
Solo su fuerza puede sostenerme.
Solo, yo nada puedo hacer,
Solo su mano para erguirme.

El Señor soñó con mi formación,
Hizo mi cuerpo, me dio un corazón.
Una vida feliz, el Señor me dio,
La vida eterna, el Señor prometió.

Siempre te voy a seguir y engrandecer,
Por lo que has hecho, te voy a agradecer.
El Señor decidió elegirme,
Su propiedad particular, yo voy a ser.
Señor, dame su fuerza en cuanto vivir.

La venida de Jesús

Un día, el Hijo de Dios regresará,
De su gloria, toda la Tierra se llenará.
Todos verán el poder de Dios.
Que vino a buscar el pueblo que Él eligió.

En el día, habrá mucha confusión,
Para aquello, no habrá explicación.
Los dejados quedarán sin saber,
Lo que fue que recién pudieron ver.

Ellos vieron el arrebatamiento del Señor,
Para la eternidad, los elegidos, Él llevó.
En la Tierra, restará solamente la maldad,
Quedarán aquellos que no creyeron en la verdad.

Ahora, solo el mal reinará,
Solo la misericordia de Dios los salvará.
Manteniendo la fe que la segunda oportunidad llegará,
Y unos cuantos, para la gloria, Dios rescatará.

No pierda la gran oportunidad,
Acepte a Jesús y su verdad,
Crea en Él como su Salvador,
Confiésalo como su Señor.
Del fuego eterno, Él te puede librar,
Para la vida eterna, Él te llevará.

Yo creo

Creo que tengo un Salvador,
Creo que Jesús es mi Señor.
Para Él no hay nada imposible,
Para Jesús, todo es posible.

Creo que todo puede cambiar,
Creo que todo el mal desaparecerá.
Creo que Cristo ya me liberó,
Creo que, de la muerte, Él ya me salvó.

Creo que un buen tiempo vendrá,
Un tiempo que no más voy a llorar.
Una inmensa alegría me dominará.
Mi gran victoria va a llegar.

Creo que Dios va a ser mi protección,
Creo que yo voy a recibir su bendición.
No sé cuándo la bendición vendrá,
Pero en el tiempo perfecto de Dios, voy a confiar.

Creo que Dios creó todo,
Creo que Él es el gobernador del mundo.
Todo sucede bajo su voluntad,
Sobre todos, Él esparce su bondad.

Creo que Jesús regresará,
Creo que su santa iglesia, Él llevará,
Para la gloria del Padre, Él nos conducirá,
Eternamente con Dios, vamos a habitar.

Ofrenda

El Señor reconoce nuestra gratitud,
Él sabe lo que tenemos en el corazón.
Él sabe la alegría que tenemos al ofrendar,
Él sabe que ofrendamos para su nombre glorificar.

Cada ofrenda que es dada,
Es una semilla siendo echada.
El Señor hará su semilla germinar,
Y muchos frutos, esa semilla generará.

El fruto de Dios no es solamente material,
La mayor recompensa es la espiritual.
De la muerte eterna, Dios nos librará,
En el Libro de la Vida, nuestro nombre, Él escribirá.

Toda ofrenda, en muchas cosas ayudará,
Mucha gente se va a beneficiar.
La buena obra de Dios continuará.
El mensaje de Jesús se esparcirá.
Así, muchos se podrán salvar.

El becerro de oro

Moisés subió al monte y Dios le habló,
Los mandamientos de Dios, él escuchó.
Una ley para él, el Señor escribió,
Las tablas con la ley, el Señor le dio.

Mientras Moisés hablaba con Dios,
Ocurría una rebelión con su pueblo.
El pueblo pidió a Aarón para hacer algo,
Él recogió todo el oro del pueblo.
Él hizo un dios, un becerro de oro.
Lo llevaran sacrificios de todo el pueblo.

Dios habló con Moisés acerca de lo que sucedió,
Por la vida de todos, él clamó a Dios,
De todo el pueblo, el Señor se compadeció,
Y del monte santo, Moisés descendió.

Moisés vio la idolatría y se enfureció,
Las tablas de la ley dadas por Dios, él destruyó.
Él quedó muy nervioso y avergonzado,
El pacto con el Señor fue quebrado.

Él convocó a los fieles al Señor,
La muerte de los impuros, él ordenó.
En aquel día, muchos perecieron,
Tres mil, por la espada, murieron.

Moisés subió y habló con el Señor:
¡Oh, Dios libra al pueblo inocente de su furor!
Si no librar, quítame también de su pacto.
El pedido de Moisés, Dios escuchó,
Y solamente los pecadores, Él condenó.
Los que estaban limpios, Dios libró.

La obra de Dios

Para su obra, Dios nos va a capacitar,
Su gran sabiduría, Él nos va a dar.
Lo que es necesario, Él va a providenciar,
Él nunca nos va a desamparar.

Su obra, Dios ya planeó,
Un proyecto para nosotros, Él soñó.
Su plan, Él quiere realizar,
Tenemos que ir hacia Él y su instrucción aceptar.

Dios habla lo que debemos hacer,
Él muestra el camino que debemos recorrer.
El pondrá tesoros en nuestras manos,
La multiplicación de ellos, Él está esperando.

Dios sueña con nuestro crecimiento,
Para eso, el Señor quiere nuestro empeño.
En su obra, con todo mi corazón, me voy a dedicar,
Haré lo mejor para Dios se agradar.

Agradando al Señor, Él nos va a recompensar,
En puestos más elevados, Él nos pondrá.
Y más el Reino de Dios se multiplicará,
En todos los lugares de la Tierra, el Reino llegará.

Compromisos y promesas

A veces, decimos no al Señor,
Desviamos de Él nuestro clamor.
Quedamos perdidos en esa tierra,
Presos en nuestra propia guerra.

No obedecemos a lo que Dios habla,
No lo invitamos a nuestra casa.
Hacemos todo lo que deseamos,
Oír la verdad de Dios, no queremos.

Un día, vamos a arrepentir,
Desearemos volver al Señor.
Volveremos a su gran amor,
Hacer lo que, para nosotros, Él soñó.

A veces, hacemos el contrario,
Prometemos obedecer a Dios,
Pero hacemos todo errado.
Eso desagrada al Señor,
Convirtiéndonos en un desertor.

Es peor prometer y no hacer,
Que no prometer y después hacer.
El que promete crea una expectativa.
El que no promete, se remuerde y cambia su vida.

Quien no hace promesas, pero hace alguna acción,
Genera en el Señor Dios la satisfacción.
Aquel que todo promete y nada hace,
Está convirtiéndose en un siervo sin utilidad.

La semilla

Una semilla podemos semejar,
Echamos en la tierra para germinar.
Antes de aquella semilla nacer,
Primero, ella va a morir.

Después de morir, ella va a renacer,
Será una planta y mucho va a crecer.
Hasta de la más pequeña semilla,
Un gran árbol podemos tener.

Dios planta una semilla en nuestro corazón,
Es la semilla de su amor y perdón.
En nuestro corazón, ella empieza a florecer,
Creamos la conciencia de nuestro pecado,
Y paramos de hacer lo que es errado.

Sobre el pecado, no más deseamos saber,
La gloria de Dios en nuestra vida va a crecer.
La luz de Dios sobre nosotros está brillando,
Y a cada día, nuestras ramas se están renovando.

El Señor vierte sobre nosotros el agua viva,
Y cada vez, crecemos con más vida.
Nuestra vida, el pecado, ya no puede más sofocar,
En nuestras vidas, la mano de Dios siempre actuará.

Después del árbol crecer, se debe multiplicar,
Debemos echar las semillas de Dios en nuevas tierras.
Para que más árboles pueden germinar,
Nuevas personas van a nacer y fructificar.

La nueva iglesia

El púlpito se está convirtiendo en un palco,
La iglesia no es más un templo,
Está más parecida a un teatro.
La gente no está buscando a Dios,
Están buscando a un espectáculo.

El Señor, la gente no va a buscar,
Ellos buscan algo para encantar.
El Evangelio, no más quieren escuchar,
Quieren una manera de alegrarse.

Jesús es mostrado de forma diferente,
Un Cristo más moderno y atrayente.
Un Jesús que todo puede aceptar,
Un Jesús que no te va a cambiar.

No se importan sobre qué sucederá,
De cualquier manera, te quieren encantar.
Lo más importante es usted estar allá,
Independiente si la salvación usted recibirá.

Hay solamente un camino para salvarse,
El Jesús verdadero, debemos buscar.
No es aquel que apenas nos quiere agradar.
Es aquel que algo va a enseñar.

Es el Jesús manso y humilde,
Aquel que para siempre vive.
El verdadero y eterno Señor,
Que murió para ser nuestro Salvador.

Acerca del autor

Rafael Henrique dos Santos Lima

Graduado en Procesos Gerenciales y M.B.A. en Gestión Estratégica de Proyectos en el Centro Universitario UNA. Cristiano por la gracia de Dios. Amante de la escritura (Español, Inglés, Portugués), poeta y novelista.

Contactos

rafael50001@hotmail.com

rafaelhsts@gmail.com

Blog: escritorrafaellima.blogspot.com

Agradecimiento

Los sitios abajo contienen una gran cantidad de información y conocimientos útiles para la traducción y escritura del libro.

Google Docs

Google Translator

RAE

Sinónimos online

Spanish Checker

Agradecimiento especial

Agradezco a Dios. Él me dio la inteligencia para escribir los poemas.

9 798224 223947